zen-on piano library

KB252107

CZERNY

THE LITTLE PIANIST   Op. 823

체르니 리틀 피아니스트

© 1959 by Zen-On Music Company Ltd.

서울음악출판사

음자리표

음자리표와 보표

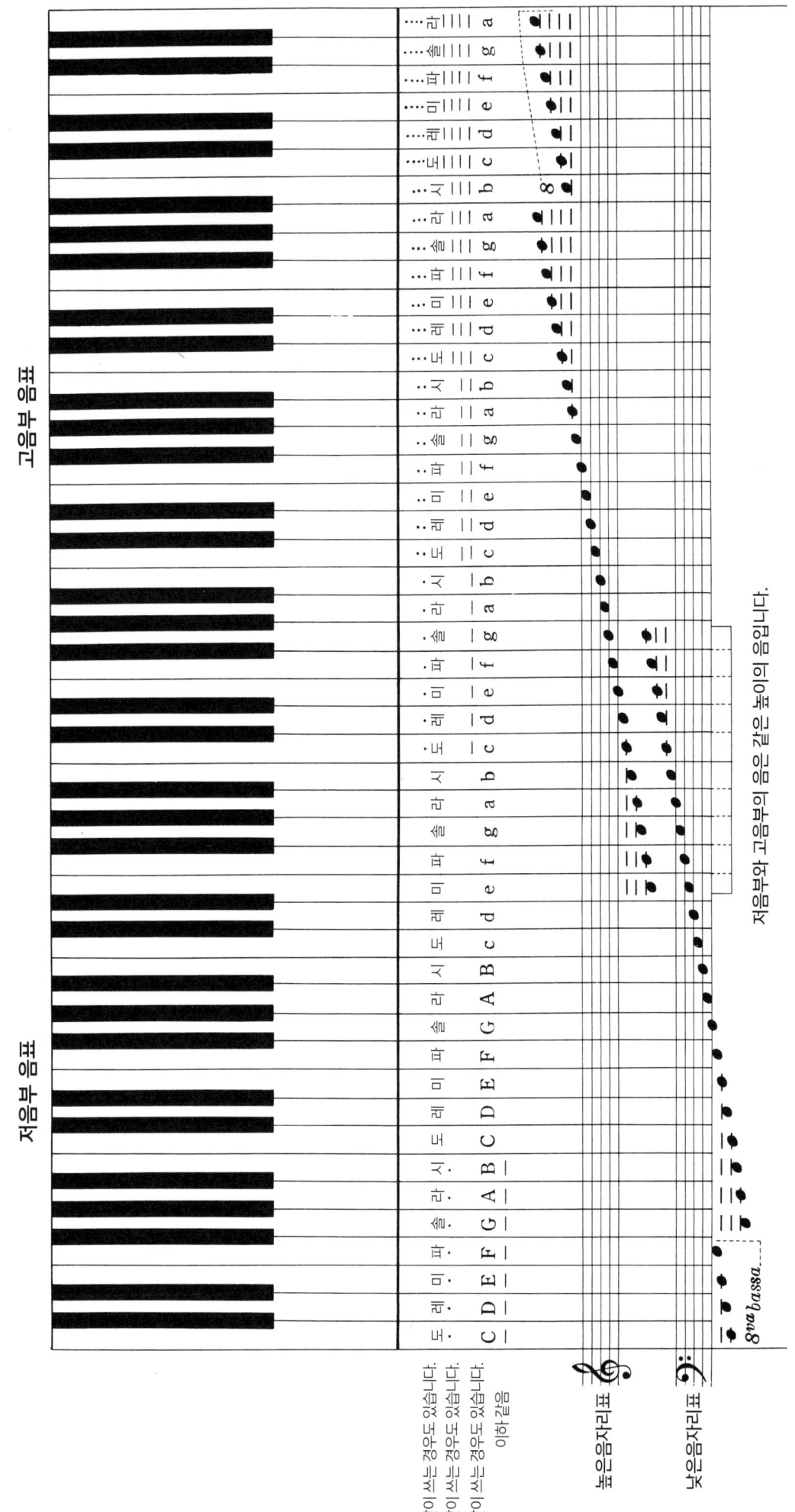

········ 악전 ········

음의 높고 낮음을 나타내기 위해 사용되는 기호를 '음표'라고 합니다. 음표는 5개의 평행한 직선으로 이루어진 오선 위에 표기됩니다.

맨 아래의 줄을 '첫째줄', 다음 줄을 '둘째줄'이라고 하며, 첫째줄과 둘째줄 사이를 '첫째칸'이라고 합니다. 즉 줄과 칸 모두 아래부터 위로 셉니다.

오선 위에 표기할 수 없는 높은 음이나 낮은 음은 오선 위아래에 짧은 선을 추가해서 표기합니다. 이 짧은 선을 '덧줄'이라고 하며, 덧줄 사이가 오선 위에 있을 때에는 '위첫째칸', 아래에 있을 때에는 '아래첫째칸'이라고 합니다.

음표의 명칭은 알파벳의 7가지 문자를 사용합니다(한국어는 가나다라마바사). C(다)장조에서는 C D E F G A B(다 라 마 바 사 가 나)의 순서가 되고, 다시 C(다)로 끝납니다. 이 8가지 음이 C(다)장조의 음계를 이루며, 어떤 음계든 다음과 같이 5개의 온음과 2개의 반음으로 되어있습니다.

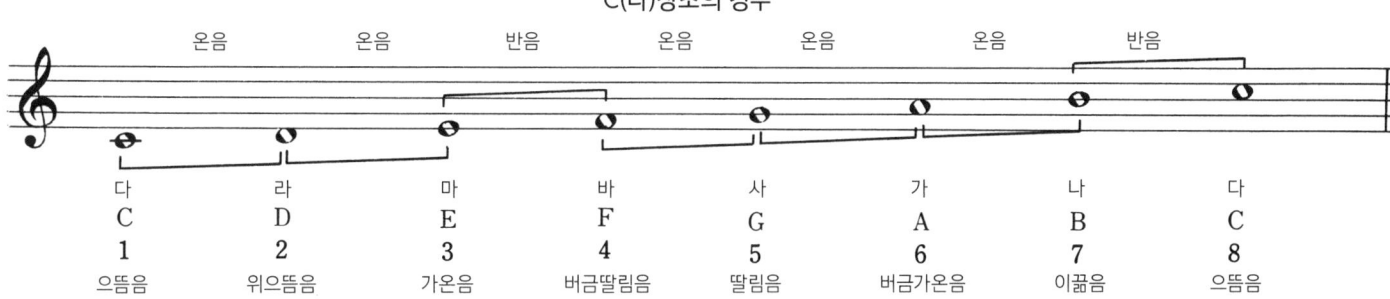

올림표(샤프) #가 음표 앞에 붙으면 그 음을 반음 올리고, 내림표(플랫) ♭이 음표 앞에 붙으면 그 음을 반음 내립니다. 제자리표(내추럴) ♮는 원래 높이로 돌아가라는 기호입니다.

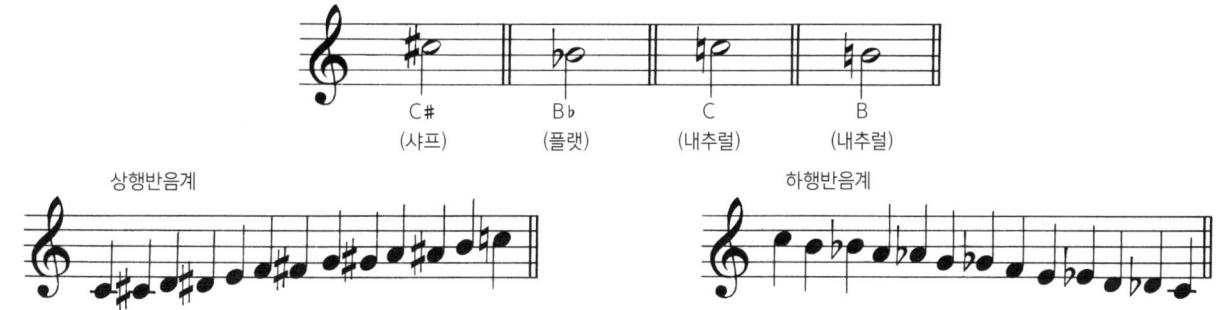

음계에는 장음계와 단음계의 두 가지가 있습니다. 단음계는 선율적 단음계와 화성적 단음계로 나뉩니다.

장음계와 단음계의 차이점은 다음과 같습니다. 장음계는 으뜸음과 가온음 사이에 4개의 반음이 있으며, 단음계는 3개의 반음이 있습니다.

장음계에는 12가지가 있으며 그 조가 무엇인지는 조표에 의해 결정됩니다. 다음은 조표와 주3화음입니다.

단음계에는 12가지가 있으며 그 조가 무엇인지는 조표에 의해 결정됩니다. 다음은 그 조표와 주3화음입니다.

올림표로 구성된 조표는 위로 5도, 아래로 4도 순서로 더합니다. (올림F와 올림G의 조표의 ♯은 1옥타브 위에 표기합니다)

※음정에 대해서는 악전의 마지막 페이지를 참조하세요.

내림표로 구성된 조표는 위로 4도, 아래로 5도 순서로 더합니다.

올림표로 반음 올린 음을 한 번 더 반음 높이기 위해서는 더블 샤프를 음표 앞에 표기합니다. 내림표가 붙은 음을 한 번 더 반음 낮추기 위해서는 더블 플랫을 사용합니다. ※지금은 이런 제자리표를 사용하지 않는 경우가 있습니다.

주로 사용되는 음자리표에는 다음과 같은 종류가 있습니다.

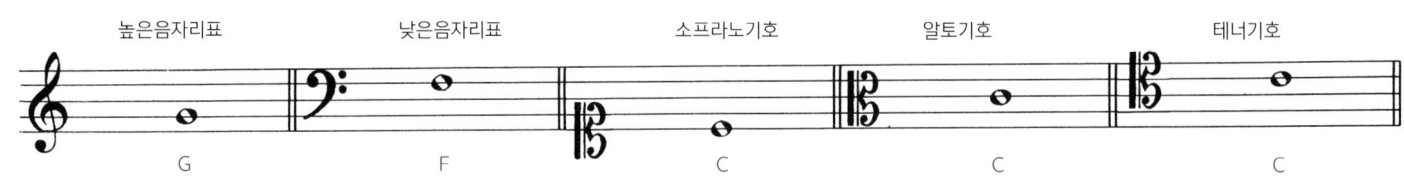

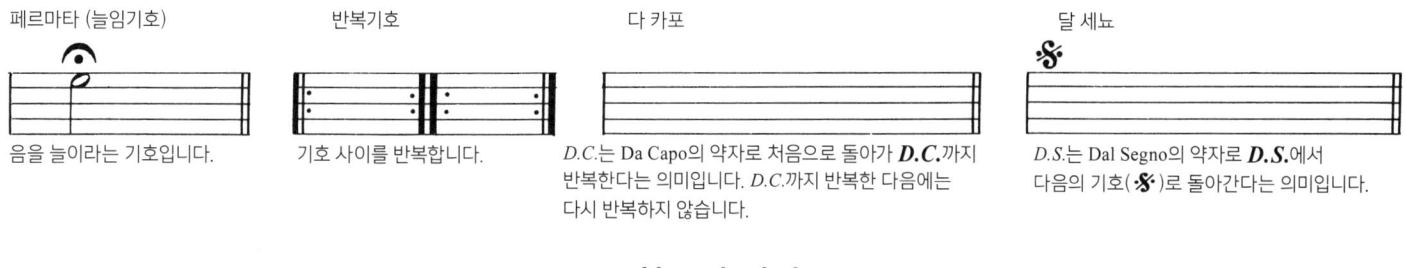

페르마타 (늘임기호)	반복기호	다 카포	달 세뇨
음을 늘이라는 기호입니다.	기호 사이를 반복합니다.	D.C.는 Da Capo의 약자로 처음으로 돌아가 **D.C.**까지 반복한다는 의미입니다. D.C.까지 반복한 다음에는 다시 반복하지 않습니다.	D.S.는 Dal Segno의 약자로 **D.S.**에서 다음의 기호(𝄋)로 돌아간다는 의미입니다.

쉼표의 길이

온쉼표   2분쉼표   4분쉼표   8분쉼표   16분쉼표

쉼표가 2마디 이상 이어질 때에는 그 마디에 마디수를 나타내는 숫자를 표기합니다.

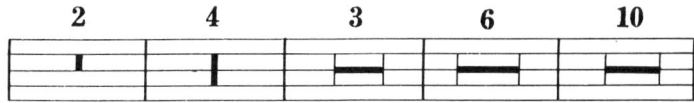

음표 또는 쉼표에 점을 붙이면 그 길이가 절반 더 길어집니다. 이것을 '점음표', '점쉼표'라고 합니다. 점음표, 점쉼표에 점을 하나 더 붙인 것을 '겹점음표', '겹점쉼표'라고 하며 두 번째 점은 처음 점의 절반 길이입니다.

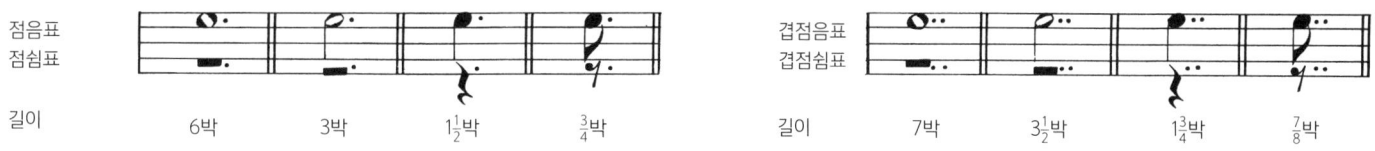

점음표 점쉼표					겹점음표 겹점쉼표			
길이	6박	3박	$1\frac{1}{2}$박	$\frac{3}{4}$박	길이	7박	$3\frac{1}{2}$박	$1\frac{3}{4}$박	$\frac{7}{8}$박

다음의 생략기호는 자주 사용됩니다.

기보

주법

슬러는 음이 끊어지지 않도록 매끄럽게 연주하라는 의미입니다.

타이는 같은 높이의 두 음을 연결시켜 두 음표를 더한 길이로 연주하라는 의미입니다.

센박과 여린박의 이동

같은 높이의 여린박과 센박이 타이로 묶여 있을 때, 그리고 음가가 긴 음이 센박에서 여린박으로 이동했을 때 리듬의 악센트가 여린박으로 이동합니다. 이것을 '싱커페이션'이라고 합니다.

스타카토 주법의 종류

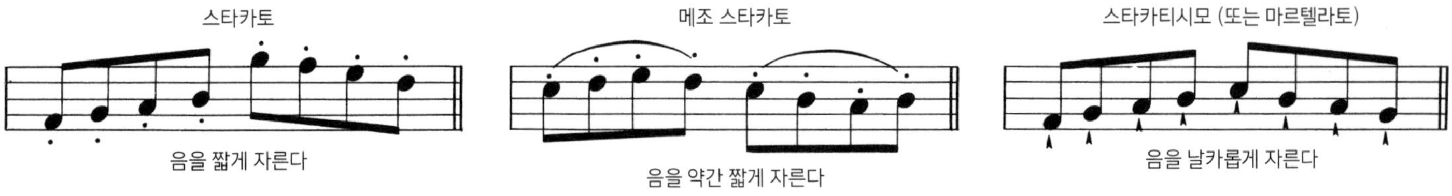

스타카토   메조 스타카토   스타카티시모 (또는 마르텔라토)

음을 짧게 자른다   음을 약간 짧게 자른다   음을 날카롭게 자른다

꾸밈음

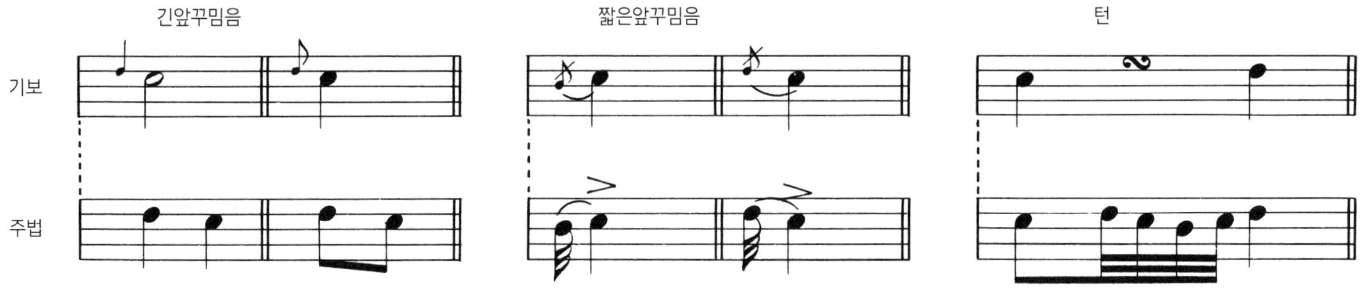

긴앞꾸밈음   짧은앞꾸밈음   턴

기보

주법

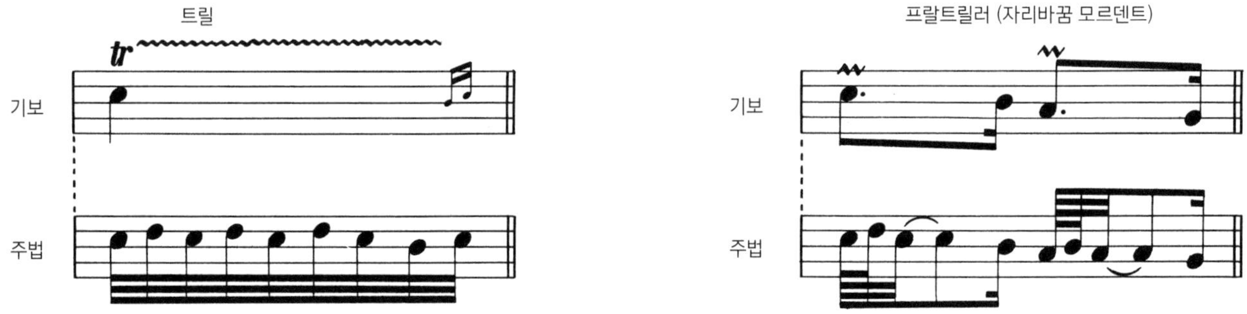

트릴   프랄트릴러 (자리바꿈 모르덴트)

기보

주법

박자의 종류

박자에는 2박자 계열과 3박자 계열의 2가지가 있습니다. 이 2가지가 세분화되어서 홑박자와 겹박자가 생겨났습니다. 단순한 2박자는 1마디에 2개의 박자를 가진 것($\frac{2}{1}, \frac{2}{2}, \frac{2}{4}$)입니다. 단순한 3박자는 1마디에 3개의 박자를 가진 것($\frac{3}{2}, \frac{3}{4}, \frac{3}{8}$ 등)입니다. 2박자 계열의 겹박자는 각 박자가 더 세분화된 것입니다. 3박자 계열의 겹박자도 마찬가지이며, 1박에 해당하는 음표의 수는 2 또는 그 이상인 경우도 있습니다. 1마디에 4개의 4분음표가 있는 것이 ($\frac{4}{4}$)로 이것을 C라고도 하며 그 밖의 경우에는 $\frac{2}{4}, \frac{3}{4}$와 같이 표기합니다.

음정

높이가 다른 두 음의 간격을 '음정'이라고 하며 기본적으로 음정에는 다음의 8가지가 있습니다.

빠르기표와 나타냄표, 셈여림표는 모두 이탈리아어로 표기합니다.

[빠르기표] Andante=걷듯이 느리게, Andantino=안단테보다 빠르게, Moderato=중간 정도의 빠르기로, Allegretto=약간 빠르게, Allegro=빠르게, Vivace=활발하게 빠르게, Presto=매우 빠르게. **[셈여림표]** *pp*(pianissimo)=매우 약하게, *p*(piano)=약하게, *mp*(mezzo piano)=조금 약하게, *mf*(mezzo forte)=조금 강하게, *f*(forte)=강하게, *ff*(fortissimo)=매우 강하게. **[나타냄표]** *crescendo*=점점 강하게, *decrescendo*=점점 약하게, *diminuendo*=점점 약하게, *ritardando*=점점 느리게.

········ 해설 ········

아오야마 사부로

체르니 <리틀 피아니스트>는 처음에는 매우 쉬워 보이지만 운지에 독특한 아이디어가 담겨있어 <바이어>를 마친 학생, <소나티네>를 시작한 학생들의 부교재로 사용하면 좋다. 이 악보집을 연주하면 풍부한 음악성을 기를 수 있으며 뛰어난 테크닉과 아름다운 연주음을 낼 수 있을 것이다.

No. 1, No. 2 2분음 길이를 정확하게 지킨다. No. 2는 역진행에 주의해야 한다. 메트로놈을 사용해 일찍부터 습관을 들이는 것이 좋다.

No. 3, No. 4 오른손 4분음을 연주하는 동안에 왼손 2분음이 오른손 연주에 휩쓸리지 않아야 한다. No. 4도 마찬가지다.

No. 5 처음에는 왼손만 연습하는 것이 좋다. 운지를 잘 살피면서 자신이 연주하는 음을 잘 듣는 훈련을 하자.

No. 6, No. 7 3/4박자 리듬을 신속하게 익히기 위해서는 시작부분에 아주 약한 악센트를 주면 좋다. 2마디째의 연타는 가벼운 스타카토로 연주하자.

No. 8 No. 5의 왼손과 같은 요령으로 연습하면 이 곡의 연주가 보다 쉽게 느껴질 것이다. 오른손은 프레이즈가 끊어지는 음을 잘 살피면서 손목을 부드럽게 사용한다.

No. 9, No. 10 2분음과 4분음의 조합이다. 음의 길이를 잘 세면서 연습한다.

No. 11 8분음의 음량이 달라지지 않아야 한다. 건반을 깊이 눌러서 음량을 고르게 하자. 왼손 손가락 힘이 약한 학생에게는 어려울 수 있다. 끈기를 가지고 악보 예처럼 나누어 연습하면 좋다.

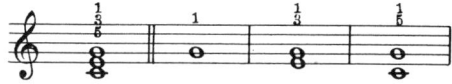

No. 12, No. 13 왼손의 불규칙한 움직임에 휩쓸리지 않으면서 오른손이 노래하듯이 연주해보자. 이 곡들은 느린 속도부터 연습을 시작해야 한다.

No. 14, No. 15 프레이즈를 잘 살피고 스타카토와 레가토를 대비시키면서 즐겁게 연주해보자.

No. 16 No. 8의 왼손 참조.

No. 17 6/8박자다. 박자가 어려우므로 8분음을 1박으로 생각하고 메트로놈을 사용해서 연습한다.

No. 18 No. 17과 같이 같은 음에서의 손가락 교환 연습은 손목을 유연하게 만들 수 있다. 정확하게 연습해서 몸에 익히기 바란다.

No. 19 왼손 반주를 화음으로 예습해보는 것도 좋은 방법이다. 멜로디를 유지시키면서 오른손이 노래하듯이 연주한다.

No. 20, No. 21 No. 68의 3도 연습을 하면 좋다. 여기서는 음을 동시에 정확히 연주하는 데에 더욱 집중해야 한다. 학생에 따라서는 3도 연습 때문에 피아노 자체가 싫어지는 경우도 있다. 항상 흥미를 가질 수 있도록 해주어야 한다.

No. 22 오른손의 분산된 음으로 손가락을 넓게 펴는 연습을 하자.

No. 23 왼손 5번 손가락이 점4분음이므로 마디 가득 늘인다. 반주부는 부드럽게 오른손 멜로디를 감싸듯이 연주한다. 5번 손가락만 f가 되지 않도록 해야 한다.

No. 24 9마디째 왼손 동음연타는 특히 많이 연습해서 손목과 팔꿈치를 유연하게 만들어야 한다.

No. 25 오른손 6도는 논 레가토다. 6도의 5번 손가락만 따로 연습하고 1번 손가락 음만 커지지 않아야 한다.

No. 26 아름다운 음으로 노래하듯이 연주한다. 왼손이 어긋나지 않아야 한다.

No. 27 오른손 스타카토와 2마디째 레가토의 대비를 재미있게 부각시킨다. 왼손 5번 손가락은 No. 23 해설 참조.

No. 28 전체적으로 가벼워야 한다. 너무 열심히 연주해서 f가 연속되면 곡이 재미없어진다.

No. 29 쉼표를 잘 살리면서 한손씩 충분히 연습한다. 오른손 3마디째 5번 손가락에 작은 악센트를 주면 명확하게 연주할 수 있을 것이다.

No. 30 No. 29 해설 참조. 왼손은 No. 23 해설 참조.

No. 31 스케일 연주는 엄지손가락(1번 손가락)을 어떻게 사용하느냐에 따라서 매끄럽게 움직일 수 있느냐가 결정된다. 엄지손가락은 다른 손가락에 비해 무겁고 크므로 불필요한 악센트가 들어가기 쉽다. 무엇보다 음량을 고르게 내는 데에 집중해야 한다.

No. 32 왼손 6/8 리듬을 먼저 연습한 다음에 오른손 3도를 연습한다. 13마디째부터 오른손과 왼손이 많이 다르게 움직이므로 더욱 많이 연습해야 한다. 이러한 연습을 하면 손가락의 독립성이 높아질 것이다.

No. 33 아우프탁트 첫 음을 잘 내야 한다. 적당히 악센트를 주면 쉽게 연주할 수 있을 것이다.

No. 34 오른손 중음은 No. 25, No. 28의 요령으로 훈련하고 왼손은 가볍게 p로 연주한다. 양손의 밸런스를 기르기 위한 좋은 연습곡이다.

No. 35 시작부분 오른손 E(미)음에 손 중심이 있어야 한다. 스타카토가 거칠어지지 않아야 한다.

No. 36 왼손 화음연타 반주부는 손목의 힘을 빼고 연주한다. 오른손 손가락 교환은 정확하게 해야 한다.

No. 37 운지를 잘 살펴야 하는 연습곡이다. 손가락 간격을 좁혀서 1번 손가락에 다른 손가락이 다가오도록 해야 한다. 임시표에 세심한 주의를 기울여야 한다.

No. 38 멜로디가 노래하도록 하면서 왼손은 경쾌하게 연주한다. 특히 왼손 1번 손가락 소리가 너무 커지지 않아야 한다. 왼손에 멜로디가 오는 후반부도 마찬가지다.

No. 39 오른손 운지를 잘 살피고, 왼손과의 프레이즈 교차에도 주목한다.

No. 40 반음계가 나오므로 이를 위한 운지 연습을 충분히 해야 한다. 후반부 왼손에 나오는 반음계는 특히 많은 연습이 필요하다.

No. 41 오른손 중음이 어렵고, 왼손은 옥타브 간격의 위아래로 움직이므로 먼저 왼손부터 충분히 연습한다.

No. 42 왼손 화음이 어렵다. 우선은 5번 손가락, 다음은 2번, 1번 손가락 화음의 순서로 차례대로 연습하면 점점 실력이 늘 것이다.

No. 43 molto legato를 느껴볼 수 있는 좋은 연습곡이다. 양손 모두 건반을 깊게 누르고 호흡을 고르게 해서 조용히 손가락이 미끄러지듯이 이동시킨다. 서둘러 움직이지 않는다.

No. 44 왼손 음형을 빠르게 익히기 위해서 화음으로 연주해보는 것도 좋다.

이것으로 이 책의 전반부를 마친다. 선생님들은 느끼셨을 것으로 이 책의 특징은 1)왼손 5번 손가락의 독립적인 움직임 기르기(악보 예1). 2)오른손 3도, 6도의 응용. 특히 같은 음에서의 손가락 교환(악보 예2) 등 체르니는 손가락의 독립성과 유연성, 자유로운 손목의 움직임을 강조하고 있다.

이후의 연습에 들어가기 전에 다시 한 번 지금까지 배운 것을 복습해보자.

악보 예1

악보 예2

12가지 장음계와 단음계 연습　음계연습은 모든 테크닉의 기초이며 조의 느낌을 귀와 손가락에 익히는 데에 도움이 된다. 반드시 손가락 힘을 균일하게 유지시켜야 한다.

　C장조에서는 하강 때에 왼손 1번 손가락 운지에 특히 주의해야 한다. C장조를 정확히 연주할 수 있을 때까지 다음 단계로 넘어가지 않도록 하자.

No. 45, No. 46 전체적으로 너무 빨라지지 않아야 한다. 왼손 반주는 음악적으로 즐겁게 연주한다.

No. 47 하강하는 오른손에 왼손 셋잇단음이 겹친다. 우선은 오른손 포지션부터 익힌다.

No. 48, No. 49 이 연습곡집의 특색을 모아 놓은 듯한 곡이다. 가볍고 경쾌한 리듬으로 연주한다.

No. 50 왼손은 음량이 고르도록 연주한다. 10마디째 오른손 2박째와 3박째의 1번과 5번 손가락 운지는 손을 자유롭게 움직이기 위한 좋은 연습이다. 많이 연습하기 바란다.

No. 51 처음으로 꾸밈음이 등장한다. No. 53 해설 참조.

No. 52 다른 운지도 함께 표기되어있으므로 활용해보기 바란다.

No. 53 No. 51과 함께 꾸밈음을 연습할 때 좋다. 우선은 꾸밈음 없이 첫 음인 D(레)음을 강하게 터치한다. 여기서 스타카토가 되지 않아야 한다. 충분히 연습한 다음에 꾸밈음을 더해서 연주한다.

No. 54 D장조 스케일을 바탕으로 하는 연습곡이다. 힘이 약한 5번 손가락이 독립적으로 움직일 수 있도록 돕는 연습이므로 프레이즈를 잘 살펴야 한다.

No. 55 긴 꾸밈음과 멜로디 흐름 안에서의 꾸밈음 연습이다. 2/4박자로 되어있지만 1마디를 4박으로 생각하고 연습하기 바란다. 빠르기표가 Andante Sostenuto(안단테 소스테누토)이므로 빨라지지 않아야 한다.

No. 56 17마디째 왼손에 멜로디가 있는 부분은 오른손 셋잇단음과 왼손 2연음을 잘 살펴야 한다.

No. 57 프레이즈를 잘 확인하고 노래하듯이 연주한다. 11마디째 왼손 프레이즈는 특히 많이 연습해야 한다. 꾸밈음 부분에서는 어긋나지 않아야 한다.

No. 58 명확한 리듬으로 왼손 화음을 정확히 연주한다. 오른손은 리듬과 악센트를 변화시키면서 연습하면 더욱 좋다. 왼손 스케일도 마찬가지다.

No. 59 화음과 함께 꾸밈음이 나온다. 처음에는 화음은 연주하지 않고 위쪽 5, 4번 손가락 음만 연습하면 좋다.

No. 60 왼손이 검은 건반을 정확하게 터치하는 연습으로 좋다.

No. 61 No. 60과 마찬가지로 왼손 검은 건반 연습으로 좋다. 오른손은 4번과 1번 손가락의 회전을 잘 살펴야 한다. 팔꿈치 힘을 빼고 손목을 부드럽게 하는 방법을 배워야 한다. 1마디째 3번째의 4번 손가락 Es(미♭) 음은 다음의 1번 손가락 G(솔)음이 준비될 때까지 유지시켜야 한다. 그 다음, 이 프레이즈를 손목을 부드럽게 풀고 가벼운 스타카토로 연습하면 더욱 실력이 향상된다.

No. 62 트릴은 처음에는 천천히 연습하고 조금씩 속도를 올린다.

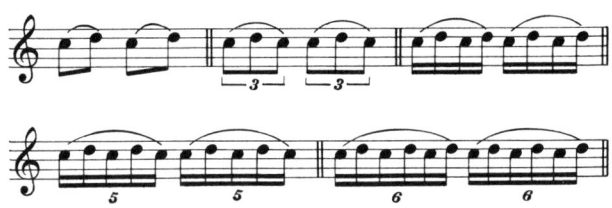

No. 63 No. 61의 회전 부분 참조. Trio 부분은 앞의 Tempo di Valse 부분부터 살짝 느긋하게 연주하면 좋다.

No. 64 이 연습곡을 위해 D장조 스케일과 A장조 스케일을 미리 연습해둔다.

No. 65 오른손에 겹점음표가 나온다. 왼손 셋잇단음은 연주 중에 3번 손가락을 떼지 않고 확실하게 누른 다음, 1번과 5번 손가락으로 가볍게 연주한다. 이러한 방법으로 연습하면 손가락 힘이 강해진다.

No. 66 악센트와 프레이즈를 확인한 후에 연주한다. 폴카 스타일의 느낌을 낼 수 있어 재미있다.

No. 67 스케일은 1번 손가락 세기에 주의하며 매끄럽게 연주하는 것이 중요하다.

No. 68 3도 연습은 더욱 고도의 테크닉을 익히기에 좋다. 많은 시간을 들여 연습하기 바란다. 다음은 연습방법이다.

No. 69 '마주르카'는 쇼팽의 작품이 유명하며 훌륭한 곡이 많다. 원래는 폴란드 민속무곡으로 대부분 3/4박자로 작곡된다. 악센트에 대해서는 다양한 의견이 있다. 여기서는 4마디째 2분음에 강하게 악센트를 주어 약간 느린 왈츠라 생각하고 즐기면서 연주하자.

No. 70 내림A장조 스케일을 충분히 익혀둔다. 긴 트릴은 오른손만으로 박자를 세면서 연습한다.

No. 71 아르페지오는 손목 운동에 세심한 주의가 필요하다. 이 곡에서 검은 건반을 누르는 4번 손가락은 다음 1번 손가락이 연주 준비를 마칠 때까지 건반을 깊게 누르고 있어야 한다.

No. 72 론디노(rondino)는 '짧은 론도'라는 의미다. 이 곡은 처음의 아우프탁트, 꾸밈음, 스타카토로 끊어지는 짧은 프레이즈가 어렵다. 리듬도 어려운 편이므로 왼손과 오른손을 따로 연습하기 바란다.

No. 73 팔 교차는 손목, 팔, 팔꿈치가 자유롭고 유연하게 움직여야 한다. 이 곡은 왼손이 짧은 음표를 연주하지만 화음으로 연주해보면 의외로 쉽다는 것을 알 수 있다.

온음, 2분음, 4분음 연습

CARL CZERNY.Op.823,

※) ♩ ♩ ♩ 이러한 표기와 같이 연주해도 좋다.

Allegro

2박자, 3박자 계열의 8분음, 셋잇단음, 16분음 연습

11

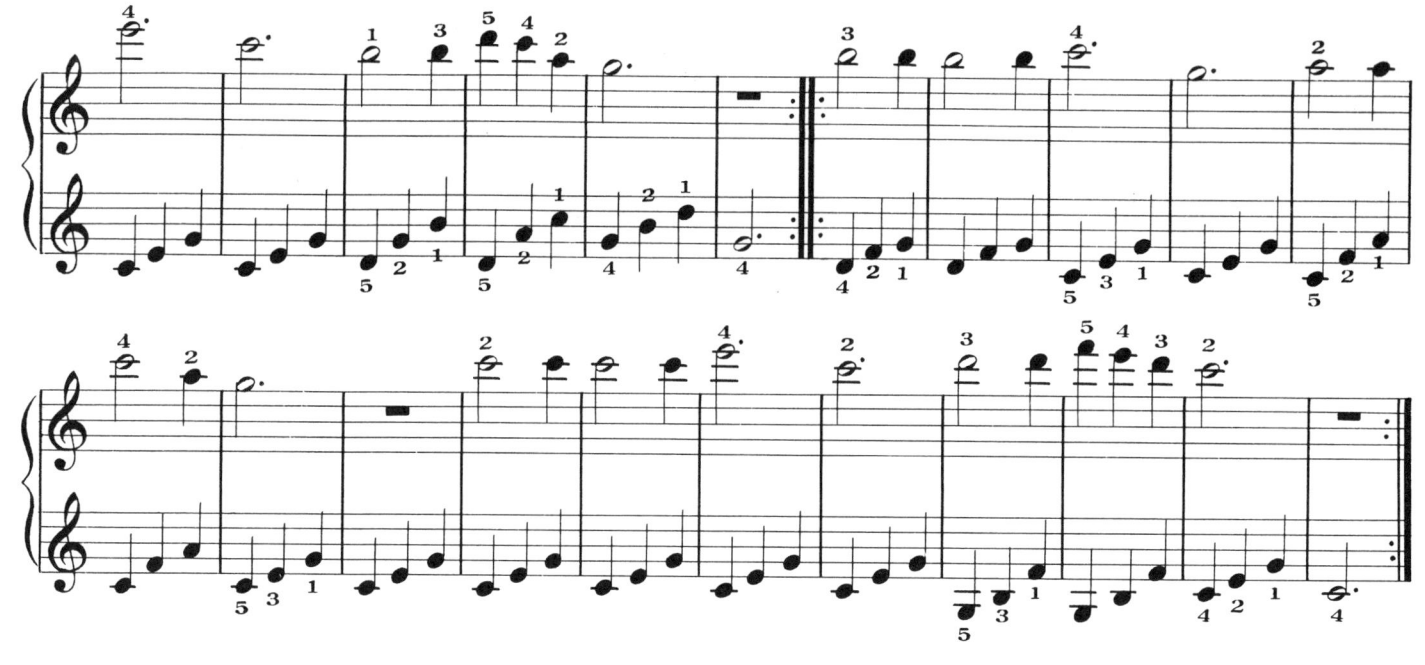

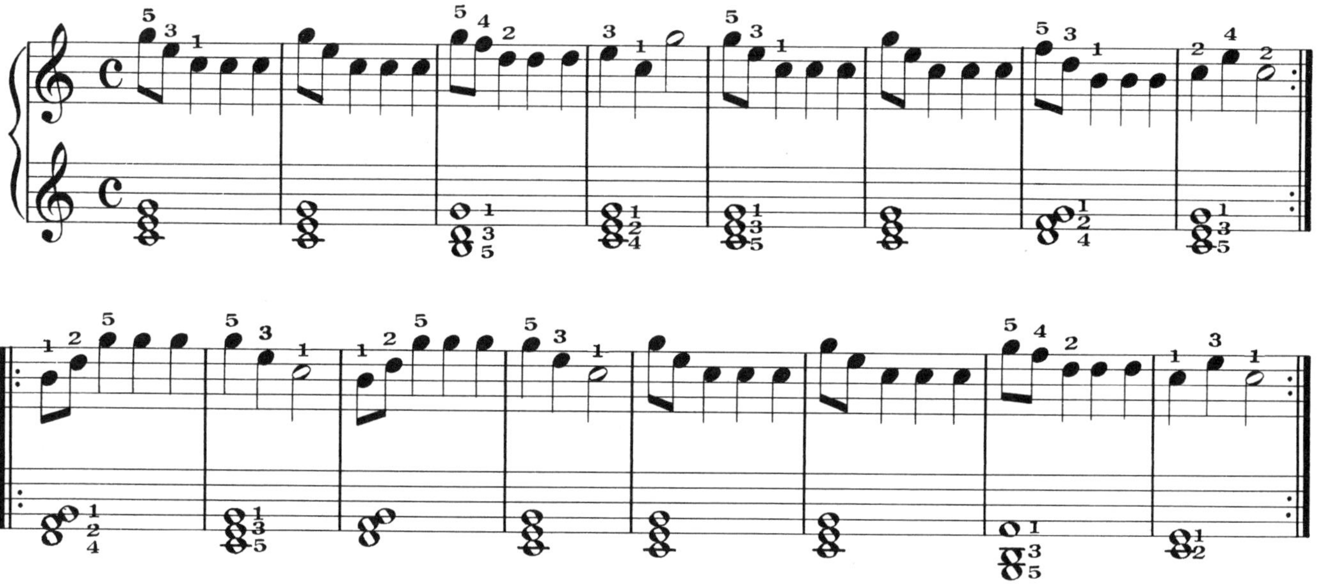

12

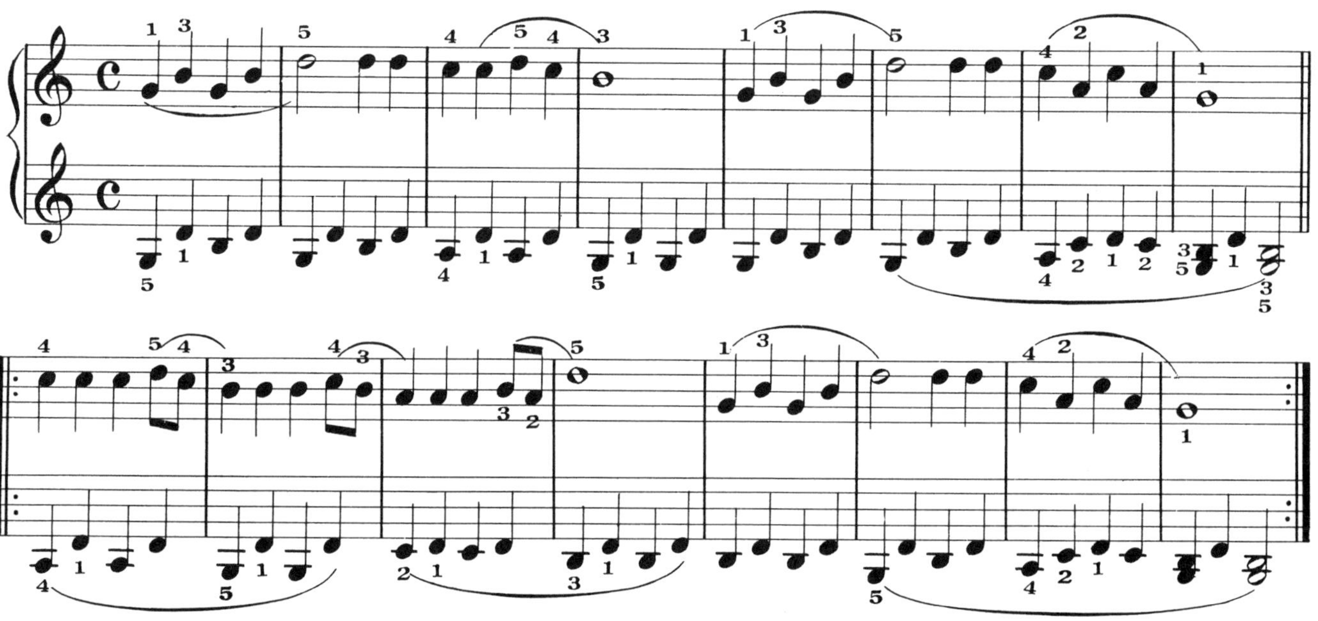

※) ♩ ♩ ♩ 이러한 표기와 같이 연주해도 좋다.

※)20번과 같다.

Allegro

쉼표 연습

(3)

Allegretto vivace

35

임시표(♯, ♭, ♮)를 포함한 연습

Allegro moderato

39

저음부 연습

12가지 장음계와 단음계 연습

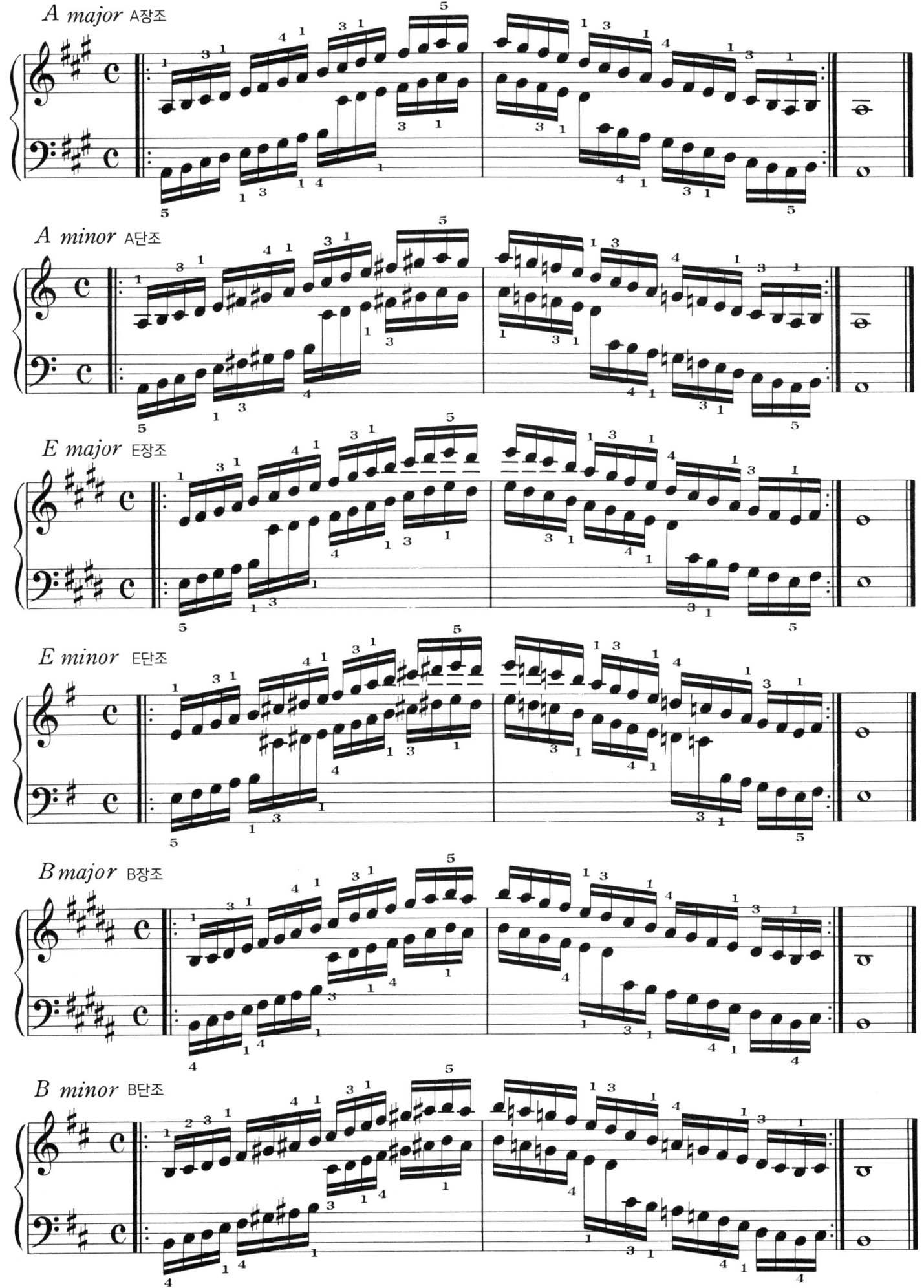

34

G장조와 F장조 연습

Allegretto

52

꾸밈음 연습

Vivace

53

Allegretto vivace

D장조 연습

54

Andante sostenuto

55

Andantino

57

Allegro vivace

내림B장조 연습

내림E장조 연습

Allegro non troppo

61

(조표는 ♭을 1옥타브 B, 2옥타브 E, 1옥타브 A에 순서대로 표기한다)

트릴 연습

50

Allegretto Tempo di Valse

63

Fine

Trio

p dolce

Allegretto D.C. sin' al Fine.

Allegro risoluto

64

A장조 연습

Allegro vivace

65

(조표는 #을 2옥타브 F, 2옥타브 C, 2옥타브 G에 순서대로 표기한다)

Allegretto moderato Tempo di Polacca

D.C. sin' al Fine

E장조 연습

Allegro Tempo di Valse

67

(조표는 #을 2옥타브 F, 2옥타브 C, 2옥타브 G, 2옥타브 D에 순서대로 표기한다)

3도의 중음 연습

마주르카

내림A장조 연습

70

(조표는 ♭을 1옥타브 B, 2옥타브 E, 1옥타브 A, 2옥타브 D에 순서대로 표기한다)

Allegretto Tempo di Valse

론디노

팔이 교차하는 연습

젠온 피아노 라이브러리
체르니 [원전판] 시리즈

CZERNY   KINDERÜBUNGEN
체르니   어린이를 위한 연습곡

60곡 모두 바이어와 함께 사용할 수 있다. 바이어 학습 내용과 병행(바이어 10번부터)해서 배열되어있으며 보충 내용도 충분히 들어있다. 후반부의 난이도는 바이어를 마친 이후에도 연습할 수 있다.

36P / 과정 : <바이어> 시작(10번)부터 마지막까지 병행
난이도 : ★

CZERNY   ERSTER LEHRMEISTER   Op. 599
체르니   입문자를 위한 연습곡

악보를 이해할 수 있을 정도의 연령 이상의 입문자가 효율적으로 피아노를 배우기 위한 내용. 기본적인 테크닉 습득을 위해 쉬운 조성(장조만)으로 구성. 유아에게는 선생님의 적절한 배려가 필요하다.

68P / 과정 : 입문자용, <바이어> 과정
난이도 : ★★

CZERNY   THE LITTLE PIANIST   Op. 823
체르니   리틀 피아니스트

풍부한 음악성과 뛰어난 테크닉을 길러주고, 아름다운 연주음을 내기 위한 교본. 운지에 독특한 아이디어가 담겨있다. <바이어>를 마친 후의 과정 또는 <소타티네>를 시작하는 학생의 부교재로 좋다.

64P / 과정 : <바이어> 이후, <소나티네> 부교재
난이도 : ★★

CZERNY   6 LEICHTE SONATINEN   Op. 163 / 2 SONATINEN   Op. 49
체르니   소나티네 앨범

소나티네의 구성과 형식을 명료하게 파악할 수 있다. 빈 초기판을 바탕으로 다이내믹과 아티큘레이션이 추가된 한스 칸의 교정. 모차르트, 베토벤 작품으로 들어가는 디딤판으로 사용할 수 있다.

76P / 과정 : <소나티네> 과정
난이도 : ★★

CZERNY   100 ÜBUNGSSTÜCKE   Op. 139
체르니   100번 연습곡

<바이어>를 연습하면서 테크닉을 다듬기에 좋은 내용이다. <체르니 110번>과 마찬가지로 어린이는 물론 어른에게도 좋은 교재다. 초급부터 더욱 높은 테크닉까지 종합적으로 배울 수 있는 연습곡집.

88P / 과정 : <체르니 100번 연습곡>
난이도 : ★★

CZERNY   25 ÜBUNGEN FÜR KLEINE HÄNDE   Op. 748
체르니   작은 손을 위한 25개의 연습곡

꾸밈음과 4성체 진행, 다양한 테크닉을 배울 수 있는 코랄곡 등 실전적인 연습곡집. 아름다운 선율이 특징적이며 음악적인 배려도 충분히 담고 있다. 손이 작은 어린이가 자연스럽게 손가락을 단련시킬 수 있다.

56P / 과정 : <바이어> 이후, <체르니 30번 연습곡> 전에
난이도 : ★★★

CZERNY   20 PREPARATORY STUDIES TO "STUDIES OF MECHANISM,   Op. 849"
체르니   20개의 쉬운 연습곡
<체르니 30번 연습곡> 전에

체르니의 700곡에 달하는 방대한 에튀드 중에서 이 단계에서 필요한 20곡만을 엄선. 쉬운 곡부터 차례대로 진행할 수 있도록 배열되어 <체르니 30번 연습곡>으로 자연스럽게 넘어갈 수 있다.

36P / 난이도 : <체르니 30번 연습곡> 전에
난이도 : ★★

CZERNY   160 KURZE ÜBUNGEN   Op. 821
체르니   8마디 연습곡

160개의 8마디로 이루어진 연습곡집. 짧은 길이에 중요한 요소가 집약(왼손 연습도 풍부하게 포함)되어있어 훌륭한 연습효과를 낼 수 있다. 쉬운 난이도부터 배열되었으며, 자연스럽게 음악이론도 익힐 수 있다.

84P / 과정 : <체르니 30번 연습곡> 병행
난이도 : ★★★

CZERNY   ETUDES DE MÉCANISME   Op. 849
체르니   30번 연습곡

<바이어> 교본 다음 단계로 사용되는 경우가 많다. 이 연습곡집은 피아노 연주에 필요한 기본적인 테크닉을 완전히 익힐 수 있게 해준다. 피아노 학습자에게 필수적이면서도 일반적인 연습곡집이다.

72P / 과정 : <체르니 30번 연습곡>
난이도 : ★★★

CZERNY   DIE SCHULE DER GELÄUFIGKEIT   Op. 299
체르니   40번 연습곡

<체르니 30번 연습곡>에서 배운 연주 테크닉에 막힘없이 손동작을 더하기 위한 연습곡집. '숙련과정'이라고 되어있는 이 연습곡집은 폭넓은 기술을 배우고 안정된 연주속도를 익힐 수 있게 해준다.

116P / 과정 : <체르니 40번 연습곡>
난이도 : ★★★★

CZERNY   KUNST DER FINGERFERTIGKEIT   Op. 740(699)
체르니   50번 연습곡

'손가락을 숙련시키기 위한 테크닉'이라는 제목이 붙은 고도의 에튀드로 40번 다음에 사용한다. 이 연습곡집을 통해 피아노 학습자는 난이도 높은 작품 연주에 필요한 테크닉을 익힐 수 있다.

196P / 과정 : <체르니 50번 연습곡>
난이도 : ★★★★★

체르니   리틀 피아니스트

초판발행   2025년 7월 1일

지 은 이   젠온악보출판사 편집부
펴 낸 이   하성훈
펴 낸 곳   서울음악출판사
주   소   서울 서초구 반포대로22길 85 에덴빌딩 3층
영 업 부   02-587-5157
등록일자   2001년 4월 23일
등록번호   제2001-000299호
홈 페 이 지   www.seoul-music.co.kr

© 2025, 서울음악출판사
© 1959 by Zen-On Music Co., Ltd., Tokyo.

값 10,000원
ISBN 979-11-6750-144-8

※ 이 책의 무단 전제와 복제를 금합니다.
※ 잘못 만들어진 책은 구입처에서 교환해드립니다.